Mein Dank gilt all den Menschen, die mich in meiner Arbeit bestärken und unterstützen, allen voran meiner Familie, meiner besten Freundin Christine, die meine Texte kritisch unter die Lupe nimmt, und natürlich dem Verlag an der ESTE, der den großen Erfolg der Zabu-Abenteuer ermöglicht.
Bei euch Lesern möchte ich mich für die tolle, sehr motivierende Leserpost und für eure Treue bedanken.

Das Bild Seite 8 widme ich meiner Patentante Maria Mattigkeit.

Doris Thomas

Die Autorin

Doris Thomas, geboren 1966, hat bei Reisen in die USA, nach Kanada, Italien und mehrfach auf die Azoren viele Walarten selbst beobachten können und war auch bei Delfinen im Meer. Mit Power-Point-Vorträgen und ihren Büchern will die Autorin möglichst viele Menschen für die Meeressäuger begeistern, damit deren Lebensraum besser geschützt wird und sie nicht mehr getötet oder in Delfinarien missbraucht werden.
Im Verlag an der ESTE sind von Doris Thomas erschienen:
Zabu – Die Abenteuer eines jungen Schwertwals
Zabu – The Adventures of a Young Orca
Zabu – Ein Schwertwal sucht das Unbekannte
Zabu – Das Geheimnis der Schwertwale

Mehr Informationen und Leseproben auf der Homepage der Autorin unter **www.Doris-T.de**

Doris Thomas

Zabu
Schwertwale in Gefahr

Mit Illustrationen
der Autorin

Verlag an der
ESTE

Für Omile †

Originalausgabe

1. Auflage

Umschlaggestaltung: Verlag an der ESTE GmbH
unter Verwendung der Bilder von Doris Thomas
Herstellung: Grafiche AZ, Verona
ISBN 978-3-86865-126-3
www.verlageste.de

Inhaltsverzeichnis

Einleitung

Zabu war ein fast zehn Meter langes, stattliches Schwertwalmännchen. Die Schwertwale zählen zu den Delfinen und sind bei dieser Länge mit Abstand die größten ihrer Tiergattung. Alle Wale und Delfine gehören zu den Säugetieren. Sie atmen mit Lungen und bringen lebende Junge zur Welt, die viele Monate von der Milch ihrer Mütter abhängig sind.

Die Familie, in der Zabu lebte, bestand aus 21 Walen und wurde von seiner Mutter Mira angeführt. Zabus Familie gehörte zu den Fisch fressenden Schwertwalen. Hier übernehmen immer die ältesten Weibchen die Leitung. Bei Schwertwalen, die nur Säugetiere fressen, sind die Gruppen kleiner und umfassen oft nur fünf Tiere.

Auf seinen drei vergangenen Reisen durfte Zabu viele Abenteuer erleben. Dabei lernte er nicht nur neue Walarten, sondern auch andere interessante Meeresbewohner kennen.

Seit einigen Jahren lebte Zabu mit seiner Partnerin Luna und der gemeinsamen kleinen Tochter Schetie bei seiner Familie. Es war spannend mitzuerleben, wie Schetie heranwuchs.

Zabu brachte seiner Tochter vieles bei. Scheties Neugier war unersättlich, und sie lernte schnell. Dadurch war sie bald viel selbstständiger und wagemutiger als die Gleichaltrigen. Oft lagen Vater und Tochter stundenlang nebeneinander im Wasser, und Schetie lauschte Zabus Erzählungen.

Sie verstand, warum sie ihren Namen bekommen hatte: *Schetie – Tochter zweier mutiger Abenteurer*. Auch sie wollte später die Meere durchschwimmen und Abenteuer erleben.

Als Schetie vier Jahre alt war, kündigte sich ein Geschwisterchen an. Luna trug erneut ein Junges in sich und wurde zusehends dicker. Zabus Klicklaute konnten Lunas Körper durchdringen und verrieten ihm, was seine Augen nicht sehen konnten: Er würde bald einen Sohn haben.

Zabu war mächtig stolz auf seine wachsende Familie. Er bewachte sie gut, obwohl er wusste, dass der einzige wirklich gefährliche Feind der Schwertwale der Mensch ist. Andere Meeresbewohner brauchen diese großen Wale mit ihren riesigen Zähnen nicht zu fürchten. Doch gibt es für sie andere Gefahren. Als sich eines Nachmittags ein starker Gewittersturm näherte, hatte Zabu ein ungutes Gefühl.

Die schreckliche Nacht

Kurz vor dem Abend rückte eine dunkle, fast schwarze Wolkenwand näher. Der Wind wurde von einer Minute auf die andere stärker. Er fegte über das Wasser.

Normalerweise konnte ein Sturm den Schwertwalen wenig anhaben. Die Stimmung der Wale war trotzdem angespannt. Besorgt behielten sie die schwächeren Familienmitglieder, die jungen und die ganz alten Wale, im Auge.

Zabu hatte als stärkstes Männchen der Familie eine besonders wichtige Aufgabe. Er musste die jungen Ausreißer einfangen, die sich hin und wieder von der Gruppe entfernten. Unter ihnen war auch Schetie, seine Tochter. Sie gehörte zu den Neugierigsten der Familie.

„Schetie! Schetie, komm wieder her!“, brüllte Zabu. „Deine Großmutter hat uns Anweisungen gegeben. Sie weiß genau, warum sie euch hier bei uns haben möchte.“ Schetie schwamm Zabu entgegen und stöhnte: „Bei euch ist es langweilig. Du weißt doch, wie toll Abenteuer sind.“ Zabu stupste seine Tochter ein wenig in

die Seite. „Natürlich weiß ich das“, erwiderte er, „aber: Sicherheit geht vor!“

Bald zuckten Blitze am Himmel. Mira brachte ihre Familie in den Windschatten einer Insel. Zabu sah, wie der Sturm an den Pflanzen zerrte. Hin und wieder rissen Zweige ab. Manche von ihnen wirbelten bis zum Strand oder flogen so weit, dass sie ins Wasser klatschten.

Auf jeden Blitz folgte sogleich ein ohrenbetäubender Donner. Der Schall übertrug sich ins Meer, und der ganze Ozean schien zu vibrieren.

Als es dämmerte, waren die Donnerschläge so laut geworden, dass Rufen nichts mehr nützte. Die Sicht war durch die heranrückende Nacht und die grellen Blitze sehr schlecht, und auch Zabus besonderer Sinn, die Orientierung durch Klicklaute, funktionierte bei dem Lärm kaum noch. So schwamm er immer wieder um die Gruppe herum, um sicherzustellen, dass alle da waren.

Regen prasselte aufs Wasser. Der Sturm peitschte die Wellen höher und höher. Hinter der Insel waren die Wale ein wenig geschützt, doch Zabu hatte große Schwierigkeiten, die Familie zusammenzuhalten. War einer von ihnen für einen kurzen Moment unachtsam, wurde er sofort von der Gruppe weggetrieben und verlor den Kontakt. Ohne Pause umkreiste

Zabu seine Familie. Die Nacht schien endlos lang zu sein.

Weit nach Mitternacht spürte Zabu, dass Luna allmählich die Kräfte verließen. Besorgt schwamm er zu ihr und fragte: „Kannst du noch?“ Luna schnaufte schwer. Das Junge in ihrem Bauch war bereits so groß, dass sie sich nur noch mühsam bewegen konnte. „Ich schaffe das schon“, beruhigte sie Zabu, „pass du auf unsere kleine Schetie auf!“

Als Zabu gerade seiner Mutter Mira Bericht erstattete, drehte sich plötzlich der Wind. Er kam nun aus der entgegengesetzten Richtung und trieb die Walfamilie auf die schroffe Felsenküste zu.

Schnell näherten sich die Schwertwale der Insel. Die Wale wussten, dass die spitzen Felsen ihre Haut schwer verletzen konnten. Doch die größere Gefahr war eine andere: Sie könnten stranden. Würde einer von ihnen auf Land festsitzen, bedeutete das den sicheren Tod. Panik brach aus.

Hektisch steuerte Mira nach rechts, weg von der gefährlichen Küste. Sie hoffte, dass die anderen ihr folgen würden. Das aber gelang nicht allen Walen. Einige kämpften sich durch die Wellen in die entgegengesetzte Richtung nach links, so teilte sich die Familie in zwei Gruppen. Zabu war zunächst mit seiner Mutter geschwommen. Sobald sie außer Gefahr waren, drehte er jedoch besorgt um. Hatten alle das Ausweichmanöver geschafft?

Doch Gewitter und Sturm waren so heftig, dass Zabu nicht alle Wale finden konnte. Seine Rufe verhallten ungehört im Lärm.

Da erspähte er Luna. Völlig erschöpft, drohte sie gegen die Felsen gedrückt zu werden. „Halt durch“, brüllte Zabu, „ich stütze dich!“ Zabu schob sich zwischen Luna und die Insel. Langsam half er seiner Partnerin aus der Gefahrenzone heraus. Solange er an ihrer Seite blieb, war sie in Sicherheit.

Zabu quälte jedoch ein Gedanke: Wo war seine Tochter Schetie?

Traurige Feststellung

Am Morgen war der Sturm vorbei, und die vergangene Nacht erschien wie ein böser Traum. Das Meer hatte sich überraschend schnell beruhigt. An die zurückliegenden stürmischen Stunden erinnerten lediglich herumtreibende Äste. Die Wale dösten erschöpft an der Wasseroberfläche. Zabu hatte die ganze Umgebung nach seiner Tochter abgesucht, doch er war erfolglos geblieben.

„Schetie!“ Zabus Ruf weckte die Familie unsanft aus ihrem Schlaf. „Hat jemand von euch Schetie gesehen?“

Er fragte jeden, ob ihm etwas aufgefallen sei. Was war in der Nacht passiert? Wie lange war Schetie bei der Gruppe gewesen? Wer hatte sie zuletzt gesehen?

Niemand wusste etwas. Jeder schien in der Nacht mit sich selber beschäftigt gewesen zu sein. In dem Durcheinander war es nicht möglich gewesen, auf jemand anderen zu achten. Besorgt schwamm die Familie zusammen. Alle waren ratlos, denn Schetie war in den unendlichen Weiten des Ozeans verschwunden.

Mira war die Erste, die wieder einen klaren Gedanken fassen konnte: „Wenn sie nicht gestrandet ist, wurde sie weggetrieben. Luna wird bald ihr Kind bekommen, also kann sich die Gruppe nicht gemeinsam auf die Suche machen. Zabu, du bist erfahren und stark. Du wirst deine Tochter alleine suchen!“

Zabu stimmte zu: „Ich werde sie finden und heimbringen. Passt bitte in der Zwischenzeit gut auf Luna auf!“

Zabu schwamm zu seiner Partnerin und streichelte mit seiner Brustflosse ihren gerundeten Körper. Bald würde das Baby geboren werden. Luna seufzte: „Finde sie, Zabu! Finde sie und bring sie zu mir zurück!“ Zabu erwiderte: „Ich verspreche es dir, Luna!“

Dann schwamm er davon.

Raufbolde

Zabu wusste nicht, wo er mit der Suche beginnen sollte. Also durchschwamm er zunächst die Inselwelt seiner Heimatgewässer. Hier war das Meer friedlich. Die Wasseroberfläche war so glatt, dass sich die Bäume der Inseln darauf spiegelten. Wäre er nicht so in Sorge gewesen, hätte er diesen wundervollen Anblick genießen können. Stattdessen suchte er aufmerksam jede Küste nach Schetie ab. Vielleicht war sie irgendwo gestrandet und schwebte in Lebensgefahr.

Gegen Abend gab Zabu die Suche zwischen den Inseln auf und schwamm aufs offene Meer hinaus. Irgendwo würde er einen Hinweis auf den Verbleib von Schetie finden. Irgendein Wal würde ihm sagen können, wo er suchen musste.

Weit und breit war jedoch kein Wal wahrzunehmen, den Zabu hätte fragen können. Obwohl seine Sinne ihn auch im Dunkeln leiten konnten, beschloss er, sich ein wenig

auszuruhen. Doch sein Schlaf war unruhig.* Zabu hatte wirre Träume. Er hörte wieder den fauchenden Wind in der Nacht des Unwetters, sah die Blitze, spürte das Durcheinander und – hörte plötzlich einen Schrei: „Papa!“

Zabu erwachte mit einem Ruck. Hatte er den Schrei nur geträumt? Er war ihm so echt erschienen.

Als er wieder klar denken konnte, nahm er die vier Rundkopfdelfine wahr, die um ihn herumschwammen. Sie schrien und schimpften: „Au!“ „Pass auf, du!“ „Du kriegst eins auf die Flosse!“ „Autsch!“

Zabu war verwirrt. Die Rundkopfdelfine griffen sich gegenseitig an. Sie bissen sich und stießen sich in die Seiten. Zabu sah Zähne blitzen und Fluken schlagen.

Dieses Verhalten kannte Zabu bei Walen nicht. Selbst die zerstrittenen Schweinswale hatten sich damals nur mit Worten einen Schlagabtausch geliefert. Die vier Rundkopfdelfine

*Der Schlaf der Wale ist nie tief und fest, denn sie schlafen immer nur mit einer Gehirnhälfte. Der andere Teil des Gehirns muss die Atmung steuern. Wale atmen nicht automatisch wie wir Menschen, sondern ganz bewusst, nach ihrer eigenen Entscheidung.

waren jedoch von Kratz- und Bissnarben nur so übersät. Mit großen Augen verfolgte Zabu die wilde Streiterei. Die Rundkopfdelfine beschimpften sich auf übelste Weise. War es ein ernst zu nehmender Kampf?

Zabu gefiel das gar nicht. Aber ehe sich der Schwertwal versah, war alles vorbei. Wo noch vor wenigen Momenten die Fetzen geflogen waren, herrschte plötzlich Einklang.

Zabu stellte überrascht fest, dass ihn die vier Rundkopfdelfine erwartungsvoll ansahen.

„Ich bin Rec."

„Ich bin Mic."

„Ich bin Zoc."

„Und ich bin Bac."

Zabu staunte nicht schlecht. Die Raufbolde schwammen nun einträchtig Flosse an Flosse nebeneinander, als hätte es nie einen Streit gegeben.

„Ich bin Rec."

„Ich bin Mic."

„Ich …"

„Ja, ja, ich weiß, ich weiß", unterbrach Zabu Rec, Mic, Zoc und Bac. Ich hab schon verstanden. Ich bin Zabu. Ich bin ein wenig verwirrt. Warum habt ihr euch gegenseitig verletzt?"

Nun waren es die Rundkopfdelfine, die einen überraschten Eindruck machten. „Verletzt?", fragte Rec. Mic schwamm neugierig um seinen Freund herum: „Nein, Rec, du bist nicht verletzt, aber du hast ein paar nette neue Schrammen.“ Er lachte. „Wo?“, fragte Zoc und schwamm ebenfalls um Rec herum. „Zeig!“, rief Bac und drängte sich zwischen Rec und Zoc. „Uii, Bac, du hast auch mächtig was abbekommen“, lachte Rec, und die anderen drei fielen in das Gelächter ein.

Zabu verstand überhaupt nichts mehr. Was war mit diesen Walen los?

„Könnt ihr mir das erklären?“, bat er. Die vier Rundkopfdelfine verstummten kurz, um dann sofort wieder loszulachen.

Schließlich kam Rec auf Zabu zu: „Ach, das darfst du nicht so ernst nehmen. Wir streiten darum, wer das Sagen hat. Jeder will der Chef sein, aber das geht natürlich nicht.“

Diese Erklärung leuchtete Zabu nicht ein, denn in seiner Familie führte das älteste Weibchen die Gruppe an. Daran gab es nichts zu rütteln. Er akzeptierte aber, dass andere Walarten fremde Sitten hatten.

„Machen euch die ganzen Schrammen und Verletzungen denn nichts aus?“, fragte Zabu. Die Rundkopfdelfine lachten erneut. „Nein“, antwortete diesmal Zoc, „das gehört dazu.

Wenn wir geboren werden, ist unsere Haut dunkel." Zabu schaute sich die vier fremden Wale genauer an. Während Zoc sehr dunkel gefärbt war, zierten Rec einzelne helle Kratzer. Mic hatte so viele Narben, dass er silbern schimmerte, wenn ihn Sonnenstrahlen trafen. Bac dagegen war fast weiß.

Zabu war neugierig: „Warum seht ihr unterschiedlich aus?" Bac kam herangeschwommen. „Das ist so: Die Verletzungen heilen zwar, ehe wir uns versehen, aber unsere Haut färbt dort nicht mehr nach. Die Narben bleiben als helle Flecken und Streifen zurück."

Nun kam der silbrige Mic herbei. „Dann sehen wir nach einer Weile aus wie Rec mit seinen hellen Schrammen ... und dann wie ich. Sieht toll aus, oder?" Zabu stimmte zu. Mic sah wunderschön aus. „Und ich erst, sieh mich an!", prahlte der weiße Bac.

„Das ist verrückt", sagte Zabu zu sich selbst. Die vier Raufbolde lachten erneut los.

Trotz aller Begeisterung durfte Zabu nicht den Grund seiner Reise vergessen: Er musste seine Tochter Schetie finden. Er unterbrach

das Gelächter der Rundkopfdelfine und erklärte, was geschehen war. „Habt ihr sie gesehcn oder von ihr gehört?“, fragte Zabu.

Für einen Moment herrschte Stille. „Wir wissen leider nichts über deine Tochter“, sagte Mic traurig. „Und warum wissen wir nichts?“, fragte Rec ihn sofort, „weil **du** unbedingt in tieferes Wasser schwimmen musstest, sonst wären wir in der Nähe gewesen.“ Rec stupste seinen Freund Mic in die Seite. „Hey!“, rief

Mic entrüstet und gab Rec einen Klaps mit der Fluke. Ohne Zögern ging Bac dazwischen, und auch Zoc mischte sich ein.
Sofort waren alle vier wieder in eine wilde Rauferei verwickelt.

Von den Rundkopfdelfinen konnte Zabu keine Hilfe erwarten. Er rief den vieren noch einen Abschiedsgruß zu, ohne zu wissen, ob sie ihn hörten. Dann setzte er seine Suche fort.

Daline in Not

Zabu schwamm eine Weile ins offene Meer hinaus. Diese Richtung erschien ihm genauso gut wie jede andere. Nach einiger Zeit entdeckte er seltsame Dinge im Wasser. Gegenstände aus Plastik trieben an der Oberfläche. Dünne Plastiktüten schwebten wie Quallen einige Meter unter der Oberfläche. Das Meer war voller Müll, Menschenmüll.

Zabu erkannte, dass dieses Material unnatürlich war. Es würde sich nie von alleine auflösen, nie in den Kreislauf der Natur eingehen. War es vielleicht sogar gefährlich?

Während Zabu sich über die unheimliche Entdeckung Gedanken machte, sah er einen Wal heraneilen. Er durchpflügte die Schicht aus Müll, die sich vor Zabu ausbreitete.

„Schneller, schneller, schneller! Dann geht es weg, dann geht es weg, dann geht es weg! Schneller!“, hörte Zabu den Wal laut vor sich hin reden.

Zabu riss die Augen weit auf, denn der fremde Wal jagte in Windeseile direkt auf ihn zu. Er war ein Riese und schob eine große Bugwelle vor sich her. Als Zabu klar wurde, dass der andere Wal nicht vorhatte auszuweichen, schwamm der Schwertwal ein wenig zur Seite.

„Schneller, schneller! Dann geht es weg, dann fällt es ab. Schneller!“ Wie besinnungslos raste der große Wal an Zabu vorbei und schob dabei Massen von Müll nach beiden Seiten.

Bei genauerem Hinsehen erwies sich der Fremde als Weibchen, das mehr als doppelt so lang war wie Zabu. Es war ein Bartenwal. Solche zahnlosen Wale hatte Zabu bereits früher getroffen.

Die Waldame war größer als ein Buckelwal, doch kleiner als ein Blauwal. Sie war schlank und recht dunkel, der Unterkiefer jedoch war hell. Irgendetwas an ihr war eigenartig. Zabu zögerte nicht lange und sauste der fremden Waldame hinterher.

„Warte!“, rief er ihr mehrfach nach. Doch sie schien ihn nicht zu hören. Sie redete unaufhörlich mit sich selber und hetzte weiter. Zabu verfolgte sie eine Weile, bis sie schließlich langsamer wurde. Dann hielt sie an. Die Waldame schnaufte, sie war erschöpft.

„Endlich“, seufzte Zabu. Er hatte sich anstrengen müssen, um mit der hohen Geschwindigkeit des großen Wals mithalten zu können. „Was ist los mit dir?“, fragte er, als er neben dem Kopf der Fremden angekommen war.

„Ach, ach, es geht nicht ab, es geht einfach nicht ab“, stammelte sie. Zabu redete beruhigend auf sie ein. Er stellte sich ihr vor und wollte dann wissen, was geschehen sei. Im selben Moment erkannte er das Problem. Ein zerfetztes Fischernetz hatte sich im Maul des Wals verheddert. Es hing zwischen den Barten im Oberkiefer, mit denen die Bartenwale ihre Nahrung aus dem Wasser filtern. Einige Meter Netz ragten zu beiden Seiten aus dem Maul heraus.

Zabu stellte überrascht fest, dass die linke Seite des Unterkiefers dunkel war. Um sich zu versichern, schwamm er auf die rechte Seite

des Wals. Tatsächlich, linke und rechte Seite waren unterschiedlich gefärbt. „Erstaunlich“, dachte er.

Allmählich beruhigte sich die Waldame. „Ich bin Daline“, sagte sie ziemlich leise. „Wie wer-de ich das Ding nur wieder los? Ich kann nicht fressen.“ Zabu untersuchte das in den Barten verfangene Netz. Er streifte es mit seiner Brustflosse. Dann nahm er es behutsam zwischen die Zähne und zog daran. Er musste vorsichtig sein, damit er sich nicht selbst darin verfing.

„Au!“, jaulte Daline auf, worauf Zabu das Netz sofort losließ.

„Das sieht übel aus“, stellte er fest, „ich fürchte, da kann ich dir nicht helfen.“ Daline begann zu schluchzen: „Ich werde verhungern.“ Doch sie hatte nicht mit Zabus Entschlossenheit gerechnet.

„Bloß weil **ich** dir nicht helfen kann, heißt das nicht, dass du aufgeben musst. Wir werden Hilfe finden. Irgendjemand wird dich von dem Netz befreien können.“

Zabus Zuversicht beruhigte Daline ein wenig. „Komm, lass uns aus dem Müll herausschwimmen und Hilfe suchen“, forderte Zabu den großen Wal auf, und gemeinsam zogen sie nach Süden. Nach und nach wurde der Müll im Wasser weniger, bis er schließlich verschwunden war.

Daline erzählte Zabu von sich. Sie war ein Finnwal und gehörte damit zu der zweitgrößten Walart im Meer. Sie hatte schon einige Tage nichts gefressen, weil sie ihr Maul nicht schließen konnte. Nur mit geschlossenem Maul konnte sie mit ihren Barten kleine Fische und Krebse aus dem Wasser filtern.

Zabu machte sich Sorgen. Sie mussten Hilfe finden, möglichst bald.

Der Taucher

Der Schwertwal und der riesige Finnwal schwammen eine Zeit lang wortlos nebeneinander her. Als Daline wieder unruhiger wurde, begann Zabu über sich und sein Leben zu erzählen. Er fesselte Dalines Aufmerksamkeit mit seinen Abenteuern und schwärmte von seiner Familie. Das lenkte Daline ab, so dass sie eine Weile nicht an ihren Hunger und das Netz zwischen ihren Barten dachte.

Stunden später erreichten sie eine Inselgruppe. Delfine tummelten sich vor der Küste.

Zabu entdeckte inmitten der Delfinschule ein Boot. „Warte hier!“, bat er Daline. Er schwamm näher heran. Eine leise Hoffnung keimte in ihm. Einmal hatte er erlebt, wie Menschen gestrandeten Pilotwalen geholfen hatten. Wer weiß, vielleicht ...

Aber dann erschien ihm dieser Gedanke lächerlich. Wie und warum sollte ein Mensch einem Wal helfen?

Zabu schwamm neugierig näher heran. Überrascht stellte er fest, dass ein Mensch bei den Delfinen im Wasser war. Er hatte eine schwarze Haut übergezogen und eine seltsame durchsichtige Vorrichtung vor seinem Gesicht. An seinen Füßen hing so etwas wie Flossen, die den Menschen schneller schwimmen ließen. Es war ein Taucher.

Zabu staunte, wie gut sich der Mensch im Wasser bewegte. Die Delfine sausten um ihn herum, kamen ihm ganz nah und schienen

Kontakt zu suchen. Vielleicht war es möglich, dass der Mensch dem Finnwal helfen konnte? Das erschien zwar unwahrscheinlich, aber einen besseren Plan hatte Zabu nicht.

Er rief die Delfine, und sofort kam einer zu ihm herübergeschwommen. Der Delfin erkannte sofort, dass Zabu zu den Fischessern gehörte und für ihn deshalb keine Gefahr darstellte. Das wunderte Zabu immer wieder. Woher konnten die Delfine dies wissen?

Aber das spielte jetzt keine Rolle. „Meinst du, dass der Mensch uns helfen kann?“, fragte er, nachdem er Dalines missliche Lage beschrieben hatte. „Ich glaube schon“, sagte der Delfin. „Bring Daline hierher, und wir werden sehen, ob es klappt.“

Zabu rief Dalinc, sie kam herangeschwommen, und vorsichtig näherten sich die beiden den Delfinen und dem Taucher. Langsam, ganz langsam schwammen der Schwertwal und der Finnwal näher.

Plötzlich spürte Zabu, dass der Mensch Angst bekam, denn er schwamm schnell zu seinem Boot, hielt sich am Rand fest und blickte zu dem Schwertwal und dem Finnwal herüber.

Die Delfine umzingelten inzwischen Daline. Sie versuchten dem Taucher ein Zeichen zu geben und ihn herbeizulocken.

Schließlich griff der Mensch in sein Boot und holte etwas heraus. Zögerlich kam er auf

Daline zugeschwommen. Zabu merkte, dass er es war, vor dem der Mensch Angst hatte. Also hielt er ein wenig Abstand, damit der Taucher sich traute weiterzuschwimmen.

Näher und näher kam er dem Finnwal. Die Delfine redeten beruhigend auf Daline ein, damit sie still im Wasser liegen blieb. Sie hatte große Angst und zuckte ein wenig. Die geringste Bewegung eines so riesigen Wals konnte jedoch den kleinen Menschen in Gefahr bringen. „Hör auf!“, bat Zabu eindringlich. „Er kann dir sonst nicht helfen!“

Als der Mensch bei Daline angekommen war, hörte Zabu ihr Herz sehr schnell schlagen, aber sie blieb ruhig an der Wasseroberfläche liegen. „Ich habe solche Angst, Zabu“, jammerte sie. „Daline, schau, der Mensch schlottert ebenfalls vor Angst. Aber ich bin mir sicher, er wird dir helfen.“

Der Taucher hob etwas Glänzendes aus Metall hoch und griff sich das Netz. Immer wieder machte er ruckartige Bewegungen mit der Hand, und jedes Mal sank kurz danach ein Stück Netz in die Tiefe. Er arbeitete und arbeitete, bis es schließlich geschafft war. Er hatte das Netz vollständig entfernt. Dalines

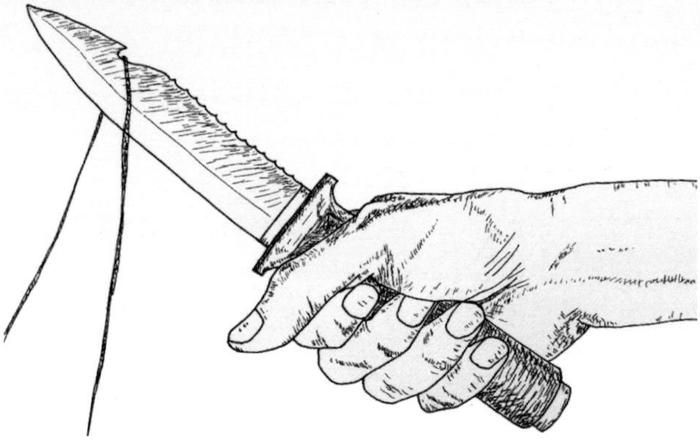

Barten waren wieder einsatzbereit. „Danke!", rief sie erleichtert, und Zabu glaubte, dass der Mensch das verstanden hatte, denn er streichelte Daline noch einmal über ihr Maul. Dann schwamm er zurück zu seinem Boot.

Zabu und die Delfine sprangen weit aus dem Wasser und zeigten so ihre Freude. Als der Taucher wieder sicher auf seinem Boot war, machte sich Daline schleunigst auf die Suche nach geeigneter Nahrung, und auch die Delfine gingen auf die Jagd.

Zabu aber machte sich erneut auf den Weg, um seine Tochter wiederzufinden.

Millionen Fische

Zabu schwamm viele Tage nach Süden, umrundete eine Landmasse und steuerte wieder nach Norden. Wie lange war er schon unterwegs? Es schien ihm, als wären es unendlich viele Tage. Was für ein Glück, dass Schetie bereits selber Fische fing. Sie konnte sich ohne Hilfe ernähren.

Nicht auszudenken, was vor drei Jahren passiert wäre, als seine Tochter noch von der Milch ihrer Mutter abhängig war. Sie wäre innerhalb weniger Tage zu schwach zum Schwimmen gewesen und elendig zugrunde gegangen. Ihre Chancen waren jetzt viel besser. Dennoch war sie in manchen Situationen noch auf den Schutz der Familie und die weisen Entscheidungen der Erwachsenen angewiesen.

Seit einigen Stunden war die Wassertemperatur kräftig angestiegen. Es gab hier an der Küste offenbar eine besonders starke warme Strömung. Der Schwertwal bewegte sich wie von allein vorwärts. Unglaublich schnell floss das Wasser die Küste entlang nach Norden. Mit einem Mal nahm Zabu hinter sich ein seltsames Rauschen wahr. Das Geräusch erinnerte ihn an einen Fischschwarm, doch es war viel lauter.

So viele Fische, glaubte Zabu, konnte ein einziger Schwarm gar nicht haben. Er drehte sich neugierig um und versuchte zu erkennen, was da von hinten herankam.

Zabu riss die Augen auf. Doch, es waren Fische, viele Fische. Mehr Fische, als er jemals gesehen hatte. Hunderttausende zappelnde, glitzernde Leiber kamen auf ihn zu. Es waren Sardinen. Jede einzelne war nicht sonderlich groß, aber die unendlich scheinende Anzahl ließ sie wie eine riesige Masse wirken.

Ehe er sich versah, hatten die Sardinen ihn eingeholt und sausten an ihm vorbei. Zabu konnte fast nichts mehr sehen. Fisch schwamm an Fisch. Obwohl diese kleine Art nicht zu seiner üblichen Beute gehörte, öffnete der Schwertwal kurz sein Maul. Sofort musste er seine Kiefer wieder schließen. Er hätte sich sonst verschluckt. Sein ganzes Maul war voll mit Fischen, ohne dass er sie gejagt hatte. „Wie praktisch“, dachte Zabu.

Nach einer Weile lichtete sich der Schwarm ein wenig. Erst jetzt bemerkte Zabu, dass den Fischen auch einige Räuber folgten, die sich die leichte Beute nicht entgehen lassen wollten.

Zabu staunte nicht schlecht, welche Tiere hier friedlich miteinander jagten. Robben schwammen neben Haien und Schwertfischen. Von oben stürzten sich Vögel auf die Sardinen. Nie hätte er gedacht, dass er diese Tierarten einmal alle zusammen sehen würde. Und nun kam am Ende doch tatsächlich ...

Zabu ahnte bereits, wer da mit weit geöffnetem Maul herangeschwommen kam. Doch er konnte es kaum glauben. „Taki!“, rief er laut und stürmte auf den Buckelwal zu. „Taki! Kennst du mich noch?“

Der Buckelwal schloss sein Maul, drückte das Wasser zwischen den Barten heraus und schluckte die vielen Fische herunter, die noch

in seinem Maul zappelten. „Zabu“, jauchzte Taki. „Was für eine Überraschung! Wie schön, dass ich dich noch einmal wiedersehe!“

Zabu und Taki schwammen umeinander herum. Bei ihrer ersten Begegnung war Zabu sehr jung und auf der Suche nach seiner Familie gewesen, von der er durch ein Netz getrennt worden war. Taki wäre bei seiner Geburt beinahe von einem Hai gefressen worden, hätte Zabu ihn nicht beschützt. Obwohl der Buckelwal damals noch so klein gewesen war, hatte er sich seinen Retter genau eingeprägt. Schließlich war Zabu durch seine mutige Tat zum Paten des Buckelwals geworden und hatte ihm seinen Namen geben dürfen.

Nun bestaunten die zwei Wale gegenseitig ihre Größe. Sie waren inzwischen beide erwachsen, Taki jedoch eineinhalb Mal so groß wie sein Lebensretter.

„Wir müssen uns später unterhalten. Lass uns dem Schwarm noch ein wenig nachjagen.“ Zabu lachte, und gemeinsam durchkreuzten sie noch eine Weile den Sardinenschwarm und fraßen sich satt, bis nichts mehr in ihren Magen passte.

Am Ende des Tages lagen die Freunde ruhig im Wasser. Der eine erzählte dem anderen von seinem Leben, und der Blas des Buckelwals und der des Schwertwals glitzerten nebeneinander in der untergehenden Sonne.

Siminiwili braucht Hilfe

Zabu verabschiedete sich am nächsten Morgen von Taki. Etwas weiter im Norden wollte der Schwertwal noch suchen, dann würde er umkehren. Die Chance, Schetie zu finden, wurde von Kilometer zu Kilometer kleiner.

„Wo bin ich? Wo bin ich? Wo bin ich? ...", hörte Zabu von Weitem.

Ein einzelner Delfin näherte sich ihm. So eine Delfinart hatte Zabu noch nie gesehen. Er war rosa, hatte eine lange, leicht verdrehte, schiefe Schnauze und war nicht einmal halb so groß wie der Schwertwal. Sein knubbeliger Kopf drehte sich unentwegt hin und her, wobei er ständig die gleiche Frage brabbelte: „Wo bin ich?"

Zabu hörte Echoklicks und erkannte, dass der Delfin blind war. „Hey, warte mal!", rief er dem Delfin zu, der sofort innehielt.

„Ich bin Siminiwili. Wer bist du, und was bist du?", fragte der merkwürdige Delfin.

„Ich bin Zabu, ich bin ein Schwertwal."

„Ach. Ein Schwertwal! Schwertwal? Was ist das?"

„Ein Schwertwal ist ein ganz großer Delfin. Warum weißt du nicht, wo du bist?"

Der rosa Delfin drehte wieder seinen Kopf hin und her. Klick … klick … klick machte es. Er versuchte, sich zurechtzufinden. „Wo ist mein Ufer? Ich finde nichts."

Siminiwili erzählte, dass er sich verirrt habe. Eigentlich lebe er in einem Fluss. Bei ihm sei das Wasser nicht salzig, aber dafür total schlammig. „Deshalb nützen uns unsere

Augen sowieso nichts, und die meisten von uns sind blind."

„Oh", erwiderte Zabu überrascht. „Na, dann will ich dich lieber wieder in deinen Fluss zurückbringen!" Der Delfin war erleichtert: „Es wäre sehr nett, wenn du mir hilfst. Alleine finde ich nicht zurück."

Dicht gefolgt von dem blinden rosafarbenen Delfin schwamm Zabu in Richtung Küste. Schließlich erreichten sie eine große Flussmündung. Zabu fand das Wasser, das hier ins Meer strömte, Ekel erregend.

„Meinst du, Siminiwili, dass wir hier richtig sind?", fragte er deshalb ungläubig. Siminiwili schmeckte das Wasser: „Ja, ja, eindeutig mein Schlamm. Hm, prima, lecker. Endlich. Bin ich froh, dass du mich geleitet hast. Danke!"

Nun konnte der rosa Delfin wieder lachen. „Kannst du mich bitte noch ein Stückchen begleiten?", fragte er den Schwertwal. Nur zögerlich stimmte Zabu zu. Dieses schlammige, warme und nicht gerade sauber aussehende Wasser war ganz und gar nicht sein Fall. Es schmeckte unangenehm nach Mensch.

Als Zabu diesen Gedanken aussprach, musste Siminiwili kichern.

„Ja, ja, die Menschen“, erklärte er, „davon haben wir hier viele. Wenn sie uns nicht gerade mit ihren Netzen stören, sind sie eigentlich friedlich. Sie glauben übrigens, dass wir nachts aus dem Wasser kommen, uns dann in Menschen verwandeln und ihre Weibchen besuchen.“

Ehe Zabu auf diese seltsame Bemerkung reagieren konnte, verabschiedete sich Siminiwili und schwamm mit kräftigen Schwanzschlägen davon. Während er im trüben Wasser schnell außer Sichtweite geriet, rief ihm Zabu neugierig hinterher: „Und, tut ihr das wirklich?“ Aber er konnte nur noch leise Siminiwilis Gelächter hören. Im nächsten Moment war der rosa Delfin verschwunden.

Schnell steuerte Zabu wieder zurück in das klare Wasser des Ozeans. Er wollte jetzt zu seiner Familie zurückkehren. Er hoffte, unterwegs eine Spur von Schetie zu finden.

Seltsame Tiere auf dem Eis

Einige Tage schwamm Zabu nach Süden, denn er musste die große Landmasse umrunden. Er ließ das Land hinter sich, wo das Wasser noch warm war und steuerte die Eisregion des Südpols an.

Zabu wusste, dass sich dort viele Bartenwale tummelten, um sich den Bauch mit Krill vollzuschlagen. Vielleicht wussten diese Wale etwas über Schetie. Das war seine letzte Hoffnung, bevor er die Suche aufgeben wollte. Das Herz des Schwertwals war schwer. Würde er seine Tochter jemals wiedersehen?

Zabu erreichte das kalte Gebiet. Eisschollen schwammen an der Oberfläche. Weil das gefrorene Wasser die Töne reflektierte, hallte und gluckste es überall. Manchmal knallte es, wenn Eis an Eis schlug oder irgendwo eine Eisscholle auseinanderbrach. Es war ein wenig unheimlich. Doch was hatte der große Schwertwal schon zu fürchten? Er hatte keine natürlichen Feinde, und von Menschen war hier weit und breit nichts zu sehen oder zu hören. Allerdings fand er auch keine anderen Wale.

Da sah Zabu auf einer kleineren Eisscholle einige Tiere. Er versuchte, die Art zu erkennen, doch außerhalb des Wassers funktionierten seine Klicklaute nicht. Vom Aussehen her glichen diese Tiere keiner ihm bekannten Rasse. Neugierig schwamm er näher heran. Die Tiere, es waren drei, hatten offenbar ein Federkleid. Sie erinnerten Zabu an Vögel. Aber dafür waren sie eigentlich zu groß. Außerdem standen sie nahezu aufrecht auf ihren Füßen.

Kaum tauchte Zabus riesige Rückenflosse neben der Eisscholle auf, verharrten die drei Tiere regungslos. Der Schwertwal hob seinen Kopf aus dem Wasser, um besser sehen zu können. Ja, es war in der Tat ein Federkleid, und er konnte auch einen Vogelschnabel erkennen. Der Rücken dieser Tiere war schwarz, und sie hatten einen weißen Bauch. Wären da nicht die orangefarbenen Stellen an der Seite des Kopfes gewesen, hätten sie in der Färbung glatt dem Schwertwal geähnelt.**

Zabu wusste, dass er die Tiere erst mit seinen

**Viele Meeresbewohner sind am Bauch heller als auf dem Rücken. Die Natur hat das so eingerichtet, damit sie als Beute oder auch als Räuber nicht so schnell entdeckt werden. Denn von unten, gegen das helle Tageslicht, fällt eine helle Fläche weniger auf, und von oben betrachtet, vor der dunklen Tiefe des Ozeans, sind dunkle Farben schlechter erkennbar. Die Färbung ist eine ideale Tarnung für Jäger und Gejagte.

Klicktönen besser studieren konnte. Doch wie sollte er die drei ins Wasser bekommen? Sie würden wahrscheinlich wegfliegen, wenn er sie erschrecken würde. Trotzdem stupste er sachte gegen die Eisscholle. Zu seiner großen Verwunderung flogen diese seltsamen Vögel nicht auf. Sie versuchten lediglich, das Gleichgewicht zu halten. „Aha", dachte Zabu, „dann wollen wir doch mal sehen, was jetzt passiert!"

Er hob sich halb aus dem Wasser und ließ seinen Körper auf die Eisscholle sinken. Sofort brachte sein Gewicht die Scholle zum Kippen, und die drei Tiere rutschten ohne Halt in seine Richtung. „Ah!" „Hilfe!" „Nein!", hörte Zabu sie verzweifelt aufschreien. Platsch, platsch, platsch, und schon waren sie im Wasser.

Doch jetzt geschah etwas völlig Unerwartetes. Zabu konnte gar nicht so schnell schauen, wie die Tiere an ihm vorbeischossen. Zack, zack, schlugen sie unter Wasser Haken. Zabus Klicks erfassten sie ... und tatsächlich, es waren eindeutig Vögel. Doch von richtigen Flügeln war kaum etwas zu sehen. Unter Wasser benutzten sie die Flügel, die eher langen, schmalen Flossen glichen, um zu steuern.

Niemals, so war sich Zabu sicher, konnten diese Vögel sich damit in die Lüfte erheben. Und er hatte Recht, denn es waren Pinguine, Kaiserpinguine.

Zabu jagte ihnen hinterher, musste aber schnell feststellen, dass er keine Chance hatte. „Wartet doch! Ich tue euch nichts!“, brüllte er.

Weil er keinen Sinn darin sah, einem dieser Vögel zu folgen, hielt Zabu an und wartete ab. Vielleicht würden sie sich wieder beruhigen und ihm dann zuhören. Ohne zu wissen, ob die Pinguine in der Nähe waren, erzählte der Schwertwal von sich und seinem Leben, von seiner Familie und schließlich von dem Grund seiner Reise.

Wie aus dem Nichts tauchten die drei Pinguine wieder vor ihm auf.

„Schlimm-schlimm-schlimm-das–ist-ja-schrecklich-und-du-musst-ja-ganz-furchtbar-traurig-sein-und-wir-können-dich-ja-so-gut-verstehen-weil-wir-auch-auf-unsere-Kleinen-so-gut-aufpassen-mein-Name-ist-Ri-La-und-das-ist-Ri-Na-und-dort-ist-Ri-Sa!"

Die drei Kaiserpinguine nickten eifrig mit ihren Köpfen. Zabu brauchte einen Moment, bis er den Redeschwall von Ri-La verstand. Der Pinguin hatte genauso schnell gesprochen, wie er vorher geschwommen war.

Nun wandte sich Ri-Na an Zabu: „Wir-dachten-du-seist-ein-Pinguinfresser-und-mussten-abhauen-aber-jetzt-erkennen-wir-dich-als-anderen-Schwertwal-der-uns-nichts-Böses-tut-sei-willkommen-und-spiele-mit-uns!"

Und Ri-Sa setzte fort: „Das-mit-der-Eisscholle-hat-irgendwie-Spaß-gemacht-wir-möchten-gerne-noch-einmal-rutschen-kannst-du-das-noch-einmal-machen?"

Zabu lachte. „Aber sicher, das können wir gerne wiederholen. Mich würde interessieren, wo eure Jungen sind, denn ich kann hier keine entdecken."

„Ja-ja-ja-lass-uns-das-erklären ...", fing Ri-La an, und dann redeten alle drei Pinguine wild durcheinander. Sie erzählten dem Schwertwal, dass sie weit im Landesinneren ihre Eier ausbrüten und die Jungen aufziehen, dass Mutter und Vater sich dabei abwechseln und dass erst die flüggen Pinguine zum Meer zurückwandern. Zabu konzentrierte sich mächtig, um sie zu verstehen.

Als die drei Kaiserpinguine glaubten, genug erklärt zu haben, sausten sie auf die nächste Eisscholle zu. Mit unglaublicher Leichtigkeit schossen sie aus dem Wasser und rutschten auf ihren Bäuchen über das Eis. Dann stellten sie sich hin und schauten Zabu erwartungsvoll an: „Mach-mach-mach!"

Zabu machte sich aus ihrer Ungeduld einen Spaß. Er umkreiste die Eisscholle und stupste sie mal hier und mal dort an. Die Pinguine kreischten und tapsten hin und her. Ri-La, Ri-Sa und Ri-Na drehten sich ständig im Kreis herum, um den Schwertwal im Auge zu behalten.

Doch schon wieder erschütterte ein Stoß die Eisscholle und alle drei purzelten übereinander. Sie prusteten vor Lachen.

Schließlich schob Zabu sich aus dem Wasser, lehnte sich auf den Rand der Scholle und brachte sie zum Kippen. Platsch, platsch, platsch, landeten die drei Pinguine neben ihm im Wasser. „Noch mal!“ „Noch mal!“ „Noch mal!“, riefen sie wie aus einem Mund und waren im Nu wieder auf der Eisscholle. Erneut begann das lustige Spiel. Es war ein wildes Gekicher und Gelächter.

Plötzlich war Zabu spurlos verschwunden. Die drei Pinguine schauten verdutzt drein. Da schoss der Schwertwal wie aus dem Nichts auf sie zu, drehte im letzten Moment ab und fegte die drei neuen Freunde mit einer riesigen Welle von der Scholle. Die Pinguine konnten sich kaum einkriegen vor Begeisterung. Sie lachten, dass ihre Bäuche wackelten.

Noch eine ganze Stunde machte Zabu den Spaß mit. Er fand die drei Vögel einfach lustig. Ihr herzhaftes Lachen und fröhliches Toben ließen Zabu für eine Weile seinen Kummer vergessen. Doch irgendwann dachte er wieder an seine kleine Schetie und verabschiedete sich von den Pinguinen. Zabu wusste, dies war das Ende seiner Suche. Jetzt wollte er nur noch eins: nach Hause.

Je weiter der Schwertwal nach Norden kam, umso trüber wurden seine Gedanken. Nun war er so lange fort gewesen, so weit gereist. Nirgendwo war eine Spur von Schetie zu finden gewesen, niemand hatte von seiner Tochter gehört.

„Schetie“, sagte er leise vor sich hin. Trauer überwältigte ihn.

Das Wunder

Tagelang schwamm Zabu in Richtung seiner Heimatgewässer. Er machte sich unentwegt Gedanken, wie er den anderen die schlechte Nachricht beibringen sollte. Wie würde Luna reagieren, wenn er ohne ihre Tochter heimkam? Könnte sie ihm jemals verzeihen? Und was würde seine Mutter Mira sagen? Sie hatte sich auf ihren Sohn verlassen, doch Zabu konnte seine Aufgabe nicht erfüllen.

Als Zabu in die Inselregion seiner Heimat hineinschwamm, zermarterte er sich immer noch den Kopf. Es würde so schwer werden, fürchtete er.

Obwohl Zabu sich traurig und lautlos seiner Familie näherte, bemerkte diese ihn sofort. Einige jüngere Wale sausten ihm, so schnell sie konnten, entgegen. Viele sichelförmige Finnen durchschnitten die Wasseroberfläche, und kleine Fluken peitschten das Wasser. Zabu wollte gar nicht hinüberblicken zu den jungen Schwertwalen. Eigentlich sollte dort auch seine kleine Schetie sein ...

„Papa!“ Zabu zuckte zusammen. Er riss die Augen auf, setzte seine Klicklaute ein und …

„Schetie!“, hörte er sich selber rufen. Vor lauter Aufregung konnte er in der Gruppe der jungen Schwertwale kaum seine Tochter ausmachen. Doch er hatte eindeutig ihren Ruf gehört und ihre Anwesenheit wahrgenommen.

„Schetie!“ – „Papa!“

Allen anderen Schwertwalen voran preschte seine Tochter ihm entgegen. Zabus Herz hüpfte vor Freude. Konnte das sein? War sie das wirklich? Er sprang weit aus dem Wasser hinaus, damit er sie besser sehen konnte.

Es gab keinen Zweifel – dort war seine Tochter. Als Schetie bei Zabu ankam, stupste sie ihn sanft in die Seite, und dann schwammen Vater und Tochter nebeneinander und streichelten sich liebevoll mit den Brustflossen. Zabu konnte sein Glück kaum fassen. Seine Tochter war hier, zu Hause bei seiner Familie.

Inzwischen war die ganze Gruppe bei Zabu angekommen. Alle begrüßten den Heimkehrer. Zuletzt kam langsam und behäbig Luna herangeschwommen. Nur mühsam bewegte sie ihre Fluke. Zabu streichelte mit der Flosse vorsichtig ihren runden Leib. „Also ist er noch nicht da, unser kleiner Sohn“, stellte er fest. „Nein, Zabu. Anscheinend wollte er warten, bis sein Vater zurück ist.“

Schetie kam hinzu und erklärte Zabu aufgeregt, was passiert war: „Ich habe euch in der schrecklichen Sturmnacht aus den Augen verloren und konnte euch nirgendwo finden. Dann schwamm ich in die falsche Richtung.

Nach einigen Tagen boten mir freundliche Delfine ihre Hilfe an und schwärmten schließlich in alle Richtungen aus, um euch zu suchen. Ich hatte viel Glück, dass sie erfolgreich waren, und dann haben sie mich sogar heimgeleitet. Seit diesem Tag warten wir auf dich, Papa. Das war ein großes Abenteuer für mich."

Zabu musste lachen: „Schetie, nun bist du auch eine Abenteurerin!"

Zabu, Luna und Schetie schwammen in der Nacht eng beieinander. Als die Sonne aufging, erschien an der Wasseroberfläche eine weitere Sichel neben den anderen Rückenflossen. Klein und zart durchschnitt sie das Wasser. Zabus Sohn war geboren.

Wissenswertes über Wale

Wale sind keine Fische, Wale sind Säugetiere. Sie haben genauso warmes Blut wie Menschen. Damit Wale im Wasser nicht frieren, haben sie eine dicke Fettschicht (Blubber). Beim Grönlandwal wird sie 50 cm dick.

Wale müssen zum Atmen an die Wasseroberfläche kommen. Sie atmen nicht wie Fische mit Kiemen, sondern mit einer Lunge. Beim Ausatmen pustet der Wal das Wasser hoch, das noch auf dem Blasloch ist. Zusammen mit dem Kondenswasser der warmen Atemluft entsteht eine Fontäne. Beim Blauwal wird diese Fontäne, der Blas, bis zu 9 Meter hoch.

Die Babys der Wale wachsen im Körper der Mutter heran und werden lebend, mit dem Schwanz voran, geboren. Sie müssen dann sofort auftauchen, um Luft zu holen. Die Walmutter stillt ihr Kind mehrere Jahre lang mit einer sehr fetthaltigen Milch. Typisch für Säugetiere, bewegen die Wale ihren Körper auf und ab, und nicht wie Fische und Reptilien seitwärts. Das kann man besonders gut an der waagerechten Schwanzflosse, der Fluke, sehen.

Man unterscheidet Bartenwale und Zahnwale. Zahnwale haben bis zu 252 Zähne und fressen meistens Fische oder Tintenfische. Manche Schwertwale jagen Robben und Delfine oder greifen sogar Großwale an. Viele fressen jedoch nur Fische. Es gibt über 70 verschiedene Zahnwalarten.

Die Bartenwale haben eine besondere Fressmethode. Sie besitzen bis zu 4 m lange Hornplatten an ihrem Oberkiefer. Erst nehmen diese Wale Tonnen von Wasser in ihr riesiges Maul auf. Dann drücken sie es mit der Zunge durch die Barten hinaus. Die Beute bleibt wie bei einem Sieb hängen. Der größte Bartenwal, der Blauwal, frisst die kleinsten Tierchen im Meer, das tierische Plankton (Krill). Andere Bartenwale verschlingen auch kleinere Fischsorten.

Die Wal- und Tierarten aus dem Buch:

Schwertwal:	Zahnwal, bis 9 m lang, „Schwert“ = Rückenflosse bis 2 m
Rundkopfdelfin:	Zahnwal, bis 3,80 m lang, bei Geburt dunkelgrau, im Alter fast weiß
Finnwal:	Bartenwal, bis 22 m lang, Färbung des Unterkiefers links und rechts unterschiedlich
Gemeiner Delfin:	Zahnwal, bis 2,40 m lang, nähert sich gerne Booten und Menschen
Buckelwal:	Bartenwal, bis 15 m lang, bis 5 m lange Brustflossen, Sänger der Meere
Flussdelfin:	Zahnwal, bis 2,50 m lang, meist blind, lebt im Süßwasser
Kaiserpinguin:	Flugunfähiger Vogel, bis 1,30 groß, einziges Wirbeltier auf dem Antarktiseis

Organisationen

WHALE AND DOLPHIN CONSERVATION WDC	www.action-kids.de www.wdcs-de.org
Gesellschaft zur Rettung der Delphine ROLLO GEBHARD	www.delphinschutz.org
GREENPEACE	www.greenpeace.de
BUND JUGEND	www.bundjugend.de
Deutsches Meeresmuseum OZEANEUM	Ausstellung in Stralsund: www.ozeaneum.de